What Water Left Behind

Rutger Kopland

Waxwing Books

For
Jeremy Hooker
Best wishes
Rutger

Rutger Kopland

What Water Left Behind

Translated from Dutch by

Willem Groenewegen

Waxwing Poems

Waxwing Poems ~
24 The Heath ~ Cypress Downs ~ Dublin 6W
Ireland
Editor: John F. Deane

www.waxwingpoems.com

Publication of this book has been made possible with financial support from the Foundation for the Production and Translation of Dutch Literature.

•

ISBN 0 9549771 3 0

Waxwing Poems are distributed in U.S.A. and Canada by
Dufour Editions Inc., P.O.Box 7, Chester Springs, Pennsylvania 19425;
in the U.K. by Central Books, 99 Wallis Rd., London E9 5LN

(note: the fifth poem from the cycle "G" was published in "Memories of the Unknown", Harvill 2001)

Waxwing Poems receives financial assistance from
An Chomhairle Ealaíon, The Arts Council, Ireland.

Printed in Dublin by Johnswood Press.

Contents

R.H. van den Hoofdakker, born August 4, 1934, was Professor of Biological Psychiatry at the University of Groningen, The Netherlands. He worked in the field of biological psychiatry, both as a scientist and a practitioner, studying the significance of sleep. He took the pseudonym of Rutger Kopland to write poetry and has published thirteen volumes to date, many of which have often been reprinted. He has also published many literary essays and one of his critical books combines his two professions: *Two Crafts. On Psychiatry and Poetry* (2003).

He has received many prizes for his work, among them the most prestigious prize in Dutch letters, the P.C. Hooft prize for his oeuvre (1988) and more recently the main Dutch prize for single collections, the VSB prize, for his volume *Until It Lets Us Go* (Tot het ons loslaat, 1998). He has also received two honorary doctorates, one from the University of Humanistics (Utrecht, 1999) and one from the University of Utrecht (2002) for his contributions to psychiatry and poetry.

Willem Groenewegen, born July 22, 1971, is a bilingual (Dutch-English) poet and translator. He holds an MA in English Language & Literature from the University of Groningen (1997). He started translating poetry during his studies, when he organised a poetry festival in Groningen, *Poetry North* (1996). Through this festival he met James Brockway, who was willing to pass on his knowledge of the art of poetry translation. His major publications include a selection of poems by K. Michel (included in *In a Different Light*, Seren, 2001), a collection of Arjen Duinker's poetry (*The Sublime Song of a Maybe*, Arc Publications, 2002) and a 20-page poem by Dirk van Bastelaere in his *Selected Poems* (Shearsman, 2005). He has also published in various magazines, such as *Poetry Review*, *Poetry Wales* and *Fulcrum Annual.*

Introduction

Inimitable Leichtigkeit –
a new selection of Rutger Kopland's poetry

The words in the title are taken from the opening sequence to the poet's latest volume, *Een man in de tuin* (A Man in the Garden), entitled 'A Chorale', a poem on the lightness with which Bach played and the weight the sounds of the organ simultaneously touches upon. This tone might summarise Rutger Kopland's work: 'light-handedness' evoking deeper and often existential matters. The poet seems always at pains to take the weight off the words, no matter how sad the subject matter.

There are poems here on the death of relatives and friends, the departure of one's offspring for the world at large, recollections of a childhood lost and attempts to harvest memories of relationships and events gone by. He is at the same time painfully aware of the mind's failings in this respect, but instead of chiding it for its shortcomings, he always manages to put things into perspective. Nowhere more so than in one of the poet's most cited poems 'Leaving':

> Leaving you may describe as
> a sort of staying on.

You can leave a place and still leave something behind. You can also arrive at a place and not remember what it is you're looking for. As the poet recently expressed in a survey of the nicest countryside spots in the Netherlands: 'I want to show you can be fascinated beyond words with a place, that you could, as it were, merge with a view… I want to say something that is in fact impossible to put into words.' Or in the cycle entitled 'The Spot'-III:

If the mountains around us had not
vanished in the night,
the wind hadn't died down
the fire hadn't gone out..

If we hadn't spoken a word,
had not fallen asleep,
had not awakened.

Besides being a poet of literary prominence in the Netherlands, he is also well-liked by the Dutch people. This is proven by the fact that his collections have been printed over and over again and that he is quoted in many obituaries. However, apart from providing much needed consolation in times of sorrow, the poet himself, I believe, would hasten to add that there is also a lot of humour in his poems – a characteristic overlooked in many reviews over the last few years. There are poems here about Frenchmen puzzled by their own game of bowls, a poem on speed-dialling God, one on the time that people were still sheep and a couple of nice pub conversations on the nature of the human soul. There is one poem where Kopland masterfully combines transitory wit and existential solemnity:

Herman, I was going to write you a card,
one of those silly postcards, complete with a joke
about, well, you know – you know about what,

but I heard you had already died
before I'd found a joke.

(from: 'Postcard from a Greek Island')

Many of his most serious poems carry this conversational tone, which also helps lift the weight off the subject. His 'silly postcards', by the way, of which he's written thousands over the years, were collected together for his 70th birthday in 2004 and give a hilarious illustration of the way the poet's mind works – intellectual wit and slapstick go hand in hand when he puts his pen to postcard.

The title of this new selection was taken from the opening section of Rutger Kopland's latest book of poems. This same section first appeared in a loose ten-poem edition published on Dutch National Poetry Day 2004. Every year a Dutch poet is commissioned to write a slim volume, to be sold cheaply on that festive day in bookshops around the country. The poem of the same name deals with a watercolour by the Dutch artist Van Hoogdalem and evokes great depth as it is described how, when the water has evaporated, the picture is left behind – a reworking of the theme established in 'Leaving'.

'What Water Left Behind' also seemed an apt title for the book, as it brings together a fine selection of the late James Brockway's translations never before published in book form. This book publishes the cycle entitled 'G', an intimate set of interior monologues on the first person narrator's relationship with God, in full for the first time, although the fifth poem in the cycle has already been published in *Memories of the Unknown* (2001), the well-known Kopland collection by the Harvill Press.

Brockway left behind an enormous body of loose translations that never made it into any books. That said, many of them did make it into literary magazines, and it is with the aid of Frits Niessen's invaluable bibliography of loose 20th century poetry translations that I managed to locate most of them in Kopland's personal archive. It was my enviable task to delve into this archive to find Brockway's translations and, at the same time, draft new translations of Kopland's latest work. The poet and I edited both my own new translations and Brockway's newly discovered ones. The cycle 'G', for instance, hadn't been looked at since Brockway first translated it in the 1980's.

In the end, we settled upon twenty poems each. I happily agreed to this division, as Brockway, in the last few years of his life, took it upon himself to teach me his views on translating poetry. He started off by having me analyse some of his translations of this poet's work. His tutoring led to my first publication in Seren's *In A Different Light* (2001), to which I contributed nine translations of K. Michel's poems. A poet whose work Kopland likes a great deal, I have been told.

Finally, a word on the translation process. Rutger Kopland's use of language is straightforward, simple and precise. What helps immensely is to translate it aloud. This technique follows on from what Brockway taught me on translation: make it 'sound' natural. I place this word in quotation marks for precisely this reason: sound is all-important. Rutger Kopland reading aloud sounds as murmuring water, the ripples in a stream. There is no explicit rhyme here, no strict metre to guide you by the hand. However, assonance and internal rhyme make the poems flow like a river.

Translating poetry has always helped me appreciate the work and I have thus come to enjoy Rutger Kopland's work not only for its sounds, but for evoking something which may well lie beyond words, in language that is not beyond our understanding.

Willem Groenewegen

WEGGAAN

Weggaan is iets anders
dan het huis uitsluipen
zacht de deur dichttrekken
achter je bestaan en niet
terugkeren. Je blijft
iemand op wie wordt gewacht.

Weggaan kun je beschrijven als
een soort van blijven. Niemand
wacht want je bent er nog.
Niemand neemt afscheid
want je gaat niet weg.

selected Brockway translations for Waxwing publication

from: *Yesterday's Barrel-Organ* (1968)

Leaving

Leaving is not the same
as creeping out of the house
pulling the door quietly to
behind your existence and not
coming back. You continue to be
someone who's expected.

Leaving you may describe as
a sort of staying on. No one
is waiting, for you are still there.
No one says goodbye,
for you are not going away.

G

I

G, ik schreef een vers over jouw gezicht,
dat het zo afwezig was, ik vergeleek het
met water waarin ik het gezicht zag
van een paard, en toen ik opkeek

was de overkant verlaten. Ik vergeleek
het met wind waarin ik de adem hoorde
van een dode hond, en toen ik luisterde
was het zo godvergeten stil in huis.

Ik heb het vergeleken G, met veel
meer, meer dan ik mij herinner, maar
ik kan het vers niet meer vinden.

Het was niet alleen maar water, wind,
je ziet me nog als ik niet kijk, je ademt
als ik niet luister, leest wat ik niet schrijf.

from: *All Those Fine Promises* (1978)

G

I

G, I wrote a verse about your face,
that it was so absent, I likened it
to water in which I could see the face
of a horse, and when I looked up

the other bank was deserted. I likened
it to wind in which I heard the breathing
of a dog now dead, and when I listened
I heard a godforsaken silence in the house.

I likened it, G, to so much more,
more than I remember, but
I can no longer find the verse.

It was not merely water, wind,
you still see me when I'm not looking, you breathe
when I'm not listening, read what I don't write.

II

Ik heb het je toen voorgelezen G.
De ramen stonden open, op het terras
dronken de vrinden limonade, de appelboom
bloeide. Ik heb je voorgelezen

wat ik wilde: weg, met jou. Naast mijn bed
een prachtige fruitmand. Geen druif
nam je, geen sinaasappeltje, nee, nee,
die waren allemaal voor mij, voor mij

alleen. Ik moet in slaap gevallen zijn,
de ramen waren dichtgedaan, alsof er
iemand was geweest, de wekker tikte,
de maan scheen op het grijze fruit.

Ik heb de volgeschreven papieren waarvan
ik voorlas, gevonden en verscheurd.

II

Then I read it out to you, G.
The windows stood open, on the terrace
the friends were drinking tea, the apple-tree
was blossoming. I read to you

what I wanted: away, with you. Beside my bed
a splendid basket of fruit. Not a grape
did you take, not even an orange, no, no,
those were all for me, for me

alone. I must have fallen asleep, for
the windows had been closed, as if
someone had been there, the alarm clock ticked,
the moon shone on the greyish fruit.

Those pages scribbled full, from which
I'd read, I found them and tore them up.

III

Als je mij dan eindelijk zou kennen, ik
zou weggaan G, ik houd er niet van om
te worden gekend door iemand die ik niet
En ook dat zou je weten, ook dat weer,

zeker, beter dan ik. Ik zou je vergeten,
maar door jou niet worden vergeten. Kijk,
daar houd ik niet van, te blijven leven
waar ik zelf niet meer ben, je verwinterde

Eden, met je boom vol gedachten, maar zonder
blad, zonder vrucht, zonder vrouw. Voor mij

zou het zomer zijn, met warme heide, warm
zand, en een warme meid op een handdoek,
om van te houden en dat te blijven
doen. Je zou me kennen en kwijt zijn.

III

If, then, you were at last to know me, I
would leave you, G, I don't like it
when I'm known by someone I don't.
And that too you'd know,

surely, better than I. I would forget you,
but not be forgotten by you. Look,
I don't like that, to go on living
where I am no more, in your wintry

Eden, with your tree full of ideas, but leafless,
without fruit, without a woman. For me

it would be summer, with warm heather, warm
sand, and a warm girl on a bath towel,
a girl to love and go on loving.
You would know me and have lost me.

IV

Soms was het tussen ons zo gezellig G, als
wij de regen hoorden op het dak, als de ramen
huilden als het ware, de dieren zuchtten in
het huis en een duif zou komen met een takje

in haar bek. Toen de wereld nog verging,
weet je dat nog, dat je hebt gezegd dat het
niet echt waar was, of, dat we het nog heel
lang konden uitstellen? Ja, soms was het zo

Intussen is de wereld niet vergaan. Zeker,
de regen ruiste op het dak, de ramen huilden
weliswaar, en ook zuchtten in het huis
de dieren, maar er is inderdaad
een duif gekomen met in haar bek een takje.

IV

Sometimes it was so cosy between us, G, when
we heard the rain on the roof, when the windowpanes
seemed to be weeping, the animals sighed
in the house and a dove was to arrive with a branch

in its beak. When the world was still doomed,
do you remember that, that you said
it wasn't really true, or that we could still put it off
for a long, long time? Yes, that's how it was.

In the meantime, the world has not been lost. Sure,
the rain rattled on the roof, the windows wept,
it's true, and the animals sighed in the house,
but a dove did indeed arrive,
with in its beak a branch.

V

Wie zal de vriend zijn van mijn vriendin,
de baas voor mijn hond, het kind in mijn jeugd,
de oude man bij mijn dood, wie zal dat zijn als
ik het niet ben? Jij? Ach kom, jij bent niets

dan twee ogen, die zien wat ze zien, jij
bent niets dan het uitzicht: een zon schijnt,
een appelboom bloeit, een stoel staat in
het gras; vreugde, verdriet, weet jij veel,

uitzicht. Maar wie zal mijn liefste grijs en
ziek laten worden, er voor zorgen dat de hond
jankt, het kind huilt, en de dood komt? Wie
zal de appelboom laten verkommeren, de stoel
voorgoed laten staan in de regen? Iemand toch
zal toe moeten zien dat alles voorbij gaat.

V

Who will be the boy-friend of my girl-friend,
the master of my dog, the child of my youth,
the old man at my death, who will be these, if
it is not myself? You? Oh, come now, you are nothing

but a pair of eyes which see what they see, you are
nothing but the prospect: a sun is shining,
an apple-tree blossoming, a chair standing
in the grass; joy, sorrow, what d'you know of them,

prospect. But who will have my dearest grow
grey and sick, see to it that the dog
whines, the child cries, and death comes? Who
will let the apple-tree wither, leave the chair
standing in the rain forever? Someone, after all,
will have to see to it that everything passes away.

VI

Het leven met jou, wat was dat voor leven. Nu
weet ik het weer, nu mijn handen ruiken naar vreemde
hotelzeep, mijn eigen handen, nu ik een oude
Love doorblader, allemaal kutten en borsten. Love.

Het is nacht, ik zie in het raam alleen deze vreemde
kamer, de herhaling in het raam van het vreemde
plafond, de vale melkglazen schijf, het koordje
voor het licht, het appelboompje van Van Gogh.

Achter de muur ligt iemand te zuchten en zachtjes
te schreeuwen G. Dat was het leven met jou, zoals nu,
nu er niemand is, nu weet ik het weer. Love. Ik

lig op mijn rug op dit vreemde bed en probeer weer,
te zeggen, hardop: laat me niet alleen. Maar ik
kan niet, ik kan dat, uit mijn mond, niet meer horen.

VI

Life with you, what sort of life was that? Now
I remember, now my hands smell of unfamiliar
hotel soap, my own hands, now I'm leafing through
an old copy of *Love*, all cunts and tits. Love.

It's night, in the window all I can see is this unfamiliar
room, the repetition in the window of the unfamiliar
ceiling, the pale lampshade of milk glass, the cord
for the light switch, Van Gogh's little apple-tree.

In the room next door someone is sighing and softly
screaming, G. That was life with you, as now,
now there's no one, now I remember. Love.

I lie on my back on this unfamiliar bed and try again,
to say it out loud: don't leave me alone. But I
cannot, cannot hear that, coming from my mouth, anymore.

VII

Soms bij het zien, bij het zien van een rij
populieren bijvoorbeeld, soms kan het zijn
dat ik zie hoe de wereld, of bij het ruiken,
het ruiken van vers gemaaid gras kan het zijn:

het was zomer, altijd weer zomer, de wereld
was groot en ik leefde, maar met het idee
dat de mens niet bestaat. Ik schreef Lieve G,
maar ik stookte een vuur, met mijn brieven

een vuur. L G, hoe gaat het, hoe gaat het toch
met mij, van de aarde valt weinig te melden,
je rij populieren staat zachtjes te snikken,
maar dat gaat wel over, het gras ligt geduldig
te sterven, het ruikt zwaar naar het groene,
het groene bloed van het gras.

Ik heb een vuur
gemaakt, je vindt as als je terugkomt, as.

VII

Sometimes when seeing, when seeing for instance
a row of poplar trees, sometimes it can be
that I see how the world… or when smelling,
smelling freshly mown grass, it can be:

it was summer, summer time and again, and the world
was wide and I was alive, but with the notion
that man did not exist. I wrote: Dear G,
but I lit a fire, with my letters

a fire. D.G., how are things, how are things
with me anyway? About the earth there's not much to say,
your row of poplar trees stands sniffling softly,
but that will pass, the grass lies patiently
dying, there's a strong smell of greenness,
the green blood of the grass.

                                        I've made a fire,
you'll find ashes when you return, ashes.

VIII

Het komt van het koude gras aan de voeten,
van het koude zweet van het gras waar ik sta,
daar komt het allemaal van, ik wil geen geluk,
maar toch, ik voel dat je dood bent, vanmorgen.

Hier wilde ik blijven, limonade, een appelboom
wilde die jongen, en een heel dik buurmeisje,
om te zoenen, te slaan, dan liep hij nooit nooit
meer weg echt niet. Of dat geregeld kon worden,

dat was de vraag. Je hebt niet gezegd waarom niet,
daarom liep ik weg. Ik wilde niet terug, maar ik
deed het, je hebt niets gezegd, alleen een feestje
in de tuin, een feestje, om troost, niet om mij.

Het huis kijkt met zwarte pupillen de tuin in
en ziet mij. Hoe zou het zijn om thuis te zijn.

VIII

It's due to the cold grass at my feet,
to the cold sweat of the grass where I'm standing,
that's where it all comes from, I don't want happiness,
and yet, I feel you are dead, this morning.

I wanted to stay here, lemonade, an apple-tree,
this lad wanted, and a big fat girl next door,
to kiss, to hit, then he'd never, never
leave again. Oh no. Whether that could be sorted,

that was the question. You didn't say why not,
that's why I ran away. I didn't want to come back, but I
did, and you didn't say anything, just gave a party
in the garden, a little party, for your comfort, not for me.

The house looks into the garden with black pupils
and sees me. What would it be like to be home again?

IX

Die dagen met jou G, ze smaakten heel hevig
naar weinig, als de dag van een uitgesteld
afscheid, als je alleen wilt zijn en niet kan,
de smaak van oud brood al en restjes jenever.

Dagen met de woorden die je zegt als alles
gezegd is. Morgen, dacht ik, als je weg bent
zal ik van je houden, ga ik het stukgelezen
briefje lezen waarin je zei dat je zou komen,

morgen wil ik wel weer weten hoe het was, toen
ik dat las. Als je weg bent. Maar je ging niet.

Ik wist nog niet dat jij er zonder mij niet
meer zou zijn, dat jij bestond door mij. Die

dagen met jou G, heb ik gemompeld als een schaker,
alleen tegen zijn bord, zo hevig tegen niemand.

IX

Those days with you, G, they tasted so profoundly
of nothing, as the day of a postponed
farewell, when you want to be alone and cannot,
like the taste of stale bread, the last drops of gin.

Days with the words one says when all has been said.
Tomorrow, I thought, when you'll have gone,
then I'll love you, then I'll read the letter again
that I'd read to pieces, in which you said you'd come,

tomorrow I'll want to know again how it was, when
I first read that letter. When you're gone. But you didn't go.

I didn't yet know you would no longer exist
without me, that you existed through me. Those

days with you, G, I muttered like a chess-player would
only to his board, so profoundly to no one.

Vertrek van Dochters

Ze moesten inderdaad gaan, ik had het gezien
aan hun gezichten die langzaam veranderden
van die van kinderen in die van vrienden,
van die van vroeger in die van nu.

En gevoeld en geroken als ze me kusten,
een huid en een haar die niet meer voor mij
waren bedoeld, niet zoals vroeger,
toen we de tijd nog hadden.

Er was in ons huis een wereld van verlangen,
geluk, pijn en verdriet gegroeid, in hun
kamers waarin ze verzamelden wat ze mee
zouden nemen, hun herinneringen.

Nu ze weg zijn kijk ik uit hun ramen en zie
precies dat zelfde uitzicht, precies die
zelfde wereld van twintig jaar her,
toen ik hier kwam wonen.

from: *This View of Things* (1982)

DAUGHTERS DEPARTING

They had to go, of course, I'd seen it
in their faces slowly changing from those
of children into those of friends,
from those of then into those of now.

And felt and smelt when they kissed me,
their skin, their hair, no longer intended
for me, not as before,
when we still had time.

In our house a world had grown of desire,
joy, pain and sorrow, in their rooms,
where they collected what they would
be taking with them, their memories.

Now they've gone I look out of their windows and see
exactly the same scene, exactly the same
world of twenty years ago,
when I came here to live.

De Plek

I

Herinneringen. We gaan weer het spoor
dat zich verloor in de stenen,
weer de schemer, weer ergens
een plek.

We keken naar de bergen om ons heen
tot de nacht kwam, luisterden
naar de wind tot hij ging liggen,
zaten bij het vuur tot de as
was gedoofd.

We spraken tot we sliepen.

from: *Thanks to the Things* (1989)

THE SPOT

I

Memories. We follow the trail again
that lost itself among the stones,
again the twilight, again
somewhere a spot.

We gazed at the mountains around us
until night came, listened
to the wind until it dropped,
sat by the fire until
the embers died.

We spoke until we slept.

II

We ontwaakten en begonnen te spreken.

We keken naar de bergen om ons heen
tot de dag kwam, luisterden
tot er weer wind was,
zaten bij de as
tot het brandde.

We verlieten de plek, keken om,
ergens tussen de stenen moest het nog zijn,
maar het was er niet meer.
We vonden het spoor terug.

II

We awakened and began to speak.

We gazed at the mountains around us
until day came, listened
until the wind returned,
sat by the embers
until they blazed.

We left the spot, looked back,
somewhere among the stones it must still be there,
but it was no longer there.
We found the trail we'd lost.

III

Als we het spoor niet hadden verloren,
de schemer niet was gekomen,
er ergens tussen de stenen
geen plek was geweest.

Als de bergen om ons heen niet waren
verdwenen in de nacht,
de wind niet was gaan liggen,
het vuur niet was gedoofd.

Als we geen woord hadden gesproken,
niet waren ingeslapen,
niet waren ontwaakt.

III

If we hadn't lost the trail
the twilight hadn't come,
there had not been a spot
somewhere among the stones.

If the mountains around us had not
vanished in the night,
the wind hadn't died down,
the fire hadn't gone out.

If we hadn't spoken a word,
had not fallen asleep,
had not awakened.

MENS EN SCHAAP

De mensen denken dat wij hier in de verte
een kudde schapen zijn – ze denken maar,

wij zijn niet eens wij, we hebben geen woorden
voor onszelf, we leven nog in de tijd hiervoor,

toen de mens nog schaap was, nog alleen
gras sprak, lucht las, water schreef.

from: *Patient Instrument* (1993)

MAN AND SHEEP

People think that we here in the distance
are a flock of sheep – well let them think that,

we aren't even we, we have no words
for ourselves, we are living in earlier times,

when man was still sheep, spoke only
grass, read air, wrote water.

BRIEF

Vandaag zou ik je een brief schrijven
een brief waarin ik iets wilde begrijpen

maar ik deed dat niet, het ging te langzaam
ik schreef en ik keek naar mijn hand

hoe die hand langzaam woorden tekende

er ontstond in dat handschrift iets als
een huis – ik wilde weten waarin we woonden

om dat te begrijpen zou ik een brief schrijven
maar ik zag alleen de voorzichtige woorden

die ik tekende voor ik ze begreep

from: *Until It Lets Us Go* (1997)

LETTER

Today I was to write you a letter
a letter in which I wanted to understand something

but I didn't write it, it went too slowly
I wrote and I looked at my hand

how that hand was slowly drawing words

in that handwriting something like a house began
to grow – I wanted to know what it was we'd lived in

to understand that, I was to write a letter
but all I saw were the clumsy words

that I was drawing before
I understood them

LICHT

Vanavond zou ik dingen willen zeggen
terwijl er eigenlijk geen dingen voor zijn

zoiets als licht – willen uitleggen
wat licht is voor de dood
ons meeneemt in de nacht

de nacht in terwijl ik ons
probeer terug te denken naar
elkaar vanavond –

maar zie de glazen in onze handen
tot de randen gevuld gevuld met licht

LIGHT

This evening I would like to say a few things
while actually there are no things to express them

such as light – would like to explain
what light is before death
takes us off in the night

into the night as I try
to think you and me back
together this evening –

but look at the glasses in our hands
filled to the brim filled with light

note: to Tom van Deel, Dutch academic, poet and critic, on the occasion of his fiftieth birthday.

Kaart van een Grieks Eiland

Herman, ik had je nog een kaart willen schrijven,
zo'n lullige ansicht, voorzien van een grap
over, nou ja, je weet wel waarover,

maar ik hoorde dat je al dood was
voor ik een grap had gevonden.

Ik leef nog, ons gesprek is niet af,
maar ik leef deze laatste dagen gebogen, over woorden
die ik doorstreep, weer opschrijf –

Waar hadden we het over, waar
waren we gebleven, zonder de dood te verwachten
schrijf je geen poëzie, daar waren we
het hartroerend over eens,

poëzie was geluk, het geluk om een paar woorden
te vinden die even bij elkaar wilden horen
voor de dood ons kwam halen,

een grap, een zorgvuldig verzwegen grap
om de dood, deze doorstrepen en weer opschrijven,
zo was poëzie.

Ik zal je dus nooit meer zien.

Ik leef deze laatste dagen gebogen, voor dat alles,
voor dat verlegen lichaam, dat weemoedige hoofd
waarmee je sprak, voor dat alles
levend wordt begraven,

Postcard from a Greek Island

Herman, I was going to write you a card,
one of those silly postcards, complete with a joke
about, well, you know – you know about what,

but I heard you had already died
before I'd found a joke.

I'm still alive, our conversation isn't finished,
but these last few days I've been bowed over words,
words I cross out, write again –

What were we talking about, where had we
got to, without expecting death
you don't write poetry, we'd both
whole-heartedly agreed on that

poetry was happiness, the happiness of finding a few words
that wished to belong together for a moment
before death came to fetch us,

a joke, a carefully withheld joke
about death, crossing this out and writing it down again,
that was poetry.

So I won't see you anymore.

These last days I've bowed, before all that,
before that shy body, that melancholy head
with which you spoke, before all that
is buried alive,

ik bedoel, ik leef gebogen over die kaart,
je weet wel, zo'n veel te blauwe zee,
zo'n veel te blauwe hemel:
Happy days in Greece.

I mean, I'm living bowed over that card,
you know the sort, far too blue a sea,
far too blue a sky:
Happy days in Greece.

note: a farewell to Herman de Coninck (1944-1997), Flemish journalist, poet and critic.

Enkele Andere Overwegingen

Hoe zal ik dit uitleggen, dit waarom
wat wij vinden niet is
wat wij zoeken?

Laten we de tijd laten gaan
waarheen hij wil,

en zie dan hoe weiden hun vee vinden,
wouden hun wild, luchten hun vogels,
uitzichten onze ogen

en ach, hoe eenvoud zijn raadsel vindt.

Zo andersom is alles, misschien.
Ik zal dit uitleggen.

A Few Other Considerations

How shall I explain this: this why
what we find is not
what we are looking for?

Let's let time go
where it will,

and see then how meadows find their cows,
woods their game, skies their birds,
views our eyes

well, how the simple finds its mystery.

So contrary everything is, perhaps.
I shall explain this.

note: to Hugo Brems, Flemish academic and critic, on the occasion of his fiftieth birthday.

Oneindig Veel Problemen

Men zou het woord probleem moeten vermijden
om twee simpele redenen:

er zijn oneindig veel voorbeelden van problemen
die er niet zijn – ik kom hier op terug

er zijn even oneindig veel voorbeelden van problemen
die er wel zijn, maar niet zo worden genoemd –
ook hierop kom ik terug.

Alle gebeurtenissen bijvoorbeeld, ja alle,
om ons heen en in ons, ze zijn gebeurd
en men vraagt waarom.

Vergeef mij mijn enige antwoord: waarom niet?

Want alle gebeurtenissen zijn uitzonderingen op
al die regels volgens welke ze niet gebeuren.

Het is dus beter het woord probleem niet te gebruiken
want de problemen die er zijn en er niet zijn
zijn dezelfde.

Zo zou ik kunnen doorgaan tot ik ophoud.

Daar is veel voor te zeggen, niets daarna.

Problems Without End

One ought to avoid the word 'problem'
for two simple reasons:

there are endless examples of problems
that don't exist – I'll come back to that later;

there are equally endless numbers of problems
that do exist, but are not labelled as such –
I'll come back to that too.

Everything that happens for instance, yes everything,
around us and inside us, everything's happened
and one wonders why.

Forgive me my only answer: why not?

For everything that happens is an exception
to the rule according to which things don't happen.

It is therefore better not to use the word 'problem'
for the problems that exist and those that do not
are one and the same.

I could go on like this until I stop.

There's much to be said for the aforementioned,
nothing for what comes after.

Paarden Waren Ver Weg

Paarden waren ver weg, met dit vergezicht
heb ik het moeten doen, ik heb niet geweten
dat ik onder hen graasde en was.

Nu ik weer paard ben, af en toe, zoals nu,
is mijn lijf zwaar en gelukkig geworden van al
dat gras. Het is vreemd om te zijn wie je bent,
een paard, ver weg in de wei.

Zij heeft mij gevraagd hoe het onder de mensen
was. Geen mens had mij dat ooit gevraagd. Dank
je, heb ik gezegd. Dat was niet haar bedoeling.

Als het mist, zie ik haar kop boven de mist,
als het regent, glimt ze alsof haar hele
lichaam huilt, als de zon schijnt,
schommelt ze met haar kont. Allemaal
voor mij, dat zie ik wel.

from: *An Empty Place to Stay* (1975)

Horses Were Far Away

Horses were far away, with this view
I'd had to make do, I didn't know
I grazed and was among them.

Now I am horse again, sometimes, as now,
my body's become heavy and happy with all
that grass. It's strange to be who you are,
a horse, far away in the field.

She asked me what it was like among people.
No one had ever asked me that. Thank you,
I said. That wasn't what she was after.

When it's misty, I can see her head above the mist,
when it's raining, she shimmers as if her whole
body is crying, when the sun's shining,
she sways her butt. All this
for me, that much I can see.

HET KIEZEN VAN EEN ANSICHTKAART

Op de ansichtkaart staan een paar mannen
ze spelen pétanque onder een plataan
aan hun voeten de kogels die ze hebben gegooid

ze hebben het spel stilgelegd en denken na
ze staan in een kring met hun hoofden gebogen
over wat daar ligt

er ligt een probleem
zo hebben hun kogels nog nooit gelegen

ik kan heel lang kijken naar deze kaart
het zal daar bijna avond zijn, de schaduwen
zijn al lang, het einde van een warme dag

en terwijl er daar niets beweegt
groeit onzichtbaar langzaam een vraag
de vraag: wat nu

ik zou je deze kaart graag willen toesturen

from: *On Longing for a Cigarette* (2001)

CHOOSING A POSTCARD

On the postcard there are a couple of men
playing *pétanque* below a plane-tree
at their feet the balls they've thrown

they've stopped the game and ponder
they are standing in a circle, heads bowed
over what is lying there

there's a problem lying there
never have their balls lain like this

I could keep looking at this card
it's probably almost night there now, the shadows
have lengthened, the end of a hot day

and while nothing moves there
invisibly slowly a question is growing
the question: what now

I'd really like to send you this card

Boer met zijn Dieren

Een boer met zijn geit en zijn twee varkens
ergens onder de blote hemel

de weide waarin ze zijn gefotografeerd is
eindeloos – tot in de verste verte niets
geen huis geen boom – overal niets

ergens in mijn hoofd is er een plek gebleven
waar het nog is zoals daar en toen
zo groot dat ik er zelf in verdwijn

die boer met zijn dieren – als ik hen daar zie
die kleine schuwe familie bijeen
in die leegte van lucht en gras –

waarom moet ik denken: wat leeft is eenzaam

Farmer with his Animals

A farmer with his goat and his two pigs
somewhere below the bare sky

the field in which the picture was taken
endless – up to the horizon nothing
house nor tree – everywhere nothing

somewhere in my mind a spot remains
where it is still as it was there and then
so large I disappear into it

that farmer and his animals – when I see them there
that small shy family gathered
in that emptiness of sky and grass –

why do I think: what lives is lonely

Over het Verlangen naar een Sigaret

Ken je het verlangen naar een sigaret
naar die gelukkige tijd dat je nog rookte?

Niemand begrijpt dit verlangen behalve ik.

Ik herinner mij iemand die altijd
als ik iets zei dat ze niet begreep
antwoordde: op zich is dit heel intrigerend.

En ik herinner mij ook dat ik dan
die uitspraak een aantal malen
in mijn hoofd moest herhalen:
op zich is dit heel intrigerend
totdat de betekenis verdampt was.

God kan ondoorgrondelijke dingen met ons doen
dankzij het feit dat hij niet bestaat

en zo kunnen ook ondoorgrondelijke dingen
worden beweerd dankzij het feit
dat ze nergens over gaan.

Sinds ik dit bedacht begrijp ik veel meer.

Het verlangen naar een sigaret is
het verlangen zelf.

On Longing for a Cigarette

Do you know the longing for a cigarette
for that blissful time when you still smoked?

No one understands that desire but I.

I remember someone who always
when I said something she didn't understand
answered: well, that's quite intriguing.

And I also remember having to then
repeat that phrase over and
over in my head:
well, that's quite intriguing
until the meaning had evaporated.

God can do mysterious things to us
thanks to the fact he doesn't exist

and also, mysterious things can
be claimed thanks to the fact
they don't mean a thing.

Since I realized this I understand much more.

Longing for a cigarette is
longing itself.

DODE HOND

Ik heb de hond laten sterven – daar lag ze
en ik dacht: waar gaat ze nu heen waar
zal ze blijven. Om de dood te begrijpen.

Het lichaam wordt wel gezien als een nest
het tijdelijk verblijf van een onzichtbare
vogel – een afgezant van de eeuwigheid.

Zo zie ik het niet. En toch toen de hond stierf
wat gebeurde er toch dat ik wist dat ze stierf
alsof haar lichaam door iets werd verlaten.

Ik kan niet anders zien dan dat die dode hond
nog leeft en om mij vraagt, zo sterk is
de herinnering, sterker dan ik.

Maar wat van mij hield is weg, ik graaf een gat
leg wat er overbleef daarin en gooi het dicht.

De hond is nergens meer, iedere dag.

Dead Dog

I let the dog die – there she lay
and I thought: where is she going now, where
will she stay. To understand death.

The body is sometimes seen as a nest
the temporary dwelling of an invisible
bird – an envoy of eternity.

I don't see it that way. And yet when the dog died
what was it that I knew she was dying
as if her body was being vacated by something.

I can't see it another way, this dead dog
is still alive and asking for me, the memory is
that strong, stronger than I.

But what loved me is gone, I dig a hole
lay what is left in it and fill it up.

The dog is nowhere now, every day.

De Chemie van de Ziel

De oudste geleerden al dachten dat
wij worden bewoond door de ziel

ergens moest ons lichaam zijn wat
het was maar dat tegelijkertijd ook niet zijn
iets onvoorstelbaar anders

harde wetenschap heeft nu laten zien
dat dit inderdaad zo is

met de mooiste machines is er gekeken
waar en wanneer onze moleculen veranderen
in zoiets vluchtigs als bijvoorbeeld
een gelukkige herinnering,

en waar en wanneer die herinnering
weer in de moleculen verdwijnt
op dezelfde plek op hetzelfde moment

en jawel: de beeldschermen bleven leeg
en de printers zwegen – duidelijker
bewijs is er niet.

Chemistry of the Soul

The earliest scientists already thought that
we are inhabited by the soul

somewhere our bodies should be what
they are but at the same time should be
something unimaginably different

solid evidence has now shown
that this is indeed the case

the loveliest machines were used to see
where and when our molecules change
into something as fleeting as perhaps
a happy memory

and where and when that memory
disappears into the molecules again
in the same place at the same time

and behold: the screens stayed blank
and the printers were silent – the clearest
evidence there is

MOEDERTAAL

Misschien slaapt er nog iets diep in je hoofd
iets van de taal van je moeder

want taal kan slapen – je probeert te bedenken
wat je droomde terwijl de droom alweer verdwijnt
in een steeds donkerder wordende schemer nog
voor je de woorden ervoor terugvindt

bij het woord moedertaal zie ik een oude foto
een schemerdonkere slaapkamer en in het bed
een jonge vrouw met in haar schoot
een pasgeboren kind – mijn moeder en ik

ze buigt zich over mij en haar gezicht is
nadenkend alsof ze zich afvraagt wie ik ben
mij zoekt en zoekt naar woorden voor mij

ik herinner mij niets van wat ze zei maar
dat is misschien de taal van je moeder
slapende geluiden in je hoofd

MOTHER TONGUE

Perhaps there's still something asleep deep inside your head
something of your mother's language

for language can sleep – you try to imagine
what you dreamt while the dream is already disappearing
in a twilight growing ever darker
even before you find the words for it again

at the word mother tongue I see an old photograph
a twilit bedroom and in the bed
a young woman and in her lap
a new-born child – my mother and I

she leans over me and her face is
pensive as if she's wondering who I am
looking for me and looking for words for me

I remember nothing of what she said but
that is perhaps the language of your mother
sleeping noises inside your head

Een Koraal

Volgens zijn tijdgenoten was Johann Sebastian Bach
een virtuoos organist – hij speelde met
een onnavolgbare 'Leichtigkeit'

lichthandigheid zou je het kunnen noemen, maar dan zo
licht dat het was alsof het geen handen waren
die speelden

ik vermoed dat ik wel weet hoe het klonk
alsof ik hoor hoe hij het zelf is die daar boven
in deze kerk in die kleine machinekamer
muziek zit te maken

je hoort het eeuwenoude mechaniek, het gekreun
van scharnieren, het geklepper van toetsen
het gekraak van de vloer, het zuchten van wind
hoe er van lucht muziek wordt gemaakt

en er een koraal langzaam door de ruimte zweeft
als een onzichtbare gewichtloze vogel
Leichtigkeit

from: *A Man in the Garden* (2004)

A Chorale

According to his contemporaries Johann Sebastian Bach was
a virtuoso organist – he played with
an inimitable 'Leichtigkeit'

light-handedness you could call this, but then so
light that it seemed as if it weren't hands
that were playing

I think I know how it sounded
as if I can hear it's the man himself
up there in this church in his tiny engine room
making music

you can hear the age-old mechanism, the groaning
of hinges, the clatter of keys
the floor creaking, the wind sighing
how music is made out of air

and a chorale slowly floats through this space
as an invisible weightless bird
Leichtigkeit

Het Anatomisch Verslag

Ik zat te kijken naar het sterven
van mijn moeder, haar gezicht was al leeg
maar ze ademde nog – ga toch dacht ik, verlaat
in godsnaam dat lichaam – en ze ging

ik geloof niet dat zij de laatste jaren wist
wie wij waren: mijn moeder, haar zoon

ik lees het verslag van de patholoog-anatoom
in patiëntes hersenen trof hij de bij dit beeld
gebruikelijke afwijkingen aan

hij beschrijft uitvoerig en zorgvuldig hoe hij
met mes en microscoop door haar hersenen
is gewandeld en wat hij tegenkwam

ik wandel mee, ik ken het landschap uit het handboek
cortex, thalamus, limbische gebieden
en zie de verwoestingen

in deze verlaten wereld heeft ze gewoond
en ook ik woonde hier

ik moet wegkijken van het verslag
in mijn hoofd een leegte niet te beschrijven
alsof ook ik mijn lichaam had verlaten

THE PATHOLOGIST'S REPORT

I sat and watched my mother die,
her face was already empty
but she was still breathing – just go, I thought,
for god's sake leave this body – and she went

these past few years I don't believe she knew
who we were: my mother, her son

I read the pathologist's report
in the patient's brain he found
the anomalies typical to this syndrome

he describes in detail and with care how he
wandered through her brain with a knife
and microscope and what he came across

I follow him, I know the landscape from the textbook
cortex, thalamus, limbic areas
and see the destruction

in this abandoned world she lived
and I did, too

I have to look away from the report
in my head an emptiness past description
as if I too had left my body

WAT WATER ACHTERLIET

Een aquarel van Van Hoogdalem
op het moment dat je haar ziet weet je
waarom de schilder haar maakte
zo moest het

een interieur met een paar dingen
je kunt zien dat hij hield van dit tafereel
niet om de zogenaamde schoonheid
maar om de toevalligheid

het raam, de muur, de tafel, de stoelen
de vloer – ze kennen geen verlangen
om bij elkaar te horen

maar wat hen een moment bijeenbrengt is
een laag licht dat door het raam binnenstroomt
en alles overspoelt met alle tinten rood

je kunt zien dat hij het papier doordrenkte
met water – water dat nu is verdampt
en de dingen achterliet zoals ze
daar waren, in dat licht

WHAT WATER LEFT BEHIND

A watercolour by Van Hoogdalem
the moment you see this you know
why the painter made this
it had to be this way

an interior with a few things
one can see that he loved this scene
not for its so-called beauty
but for its contingencies

the window, the wall, the table, the chairs
the floor – they don't have the desire
to belong together

but what unites them for a moment is
slanting light streaming through the window
flooding everything with every shade of red

you can see how he saturated the paper
with water – water now evaporated
leaving things behind as they were,
there in that light

EVA, ZANDSTEEN, TWAALFDE EEUW

Voor de steenhouwer was zij de eerste vrouw
op aarde – alsof je iets ziet van zijn deemoed
in de vrouw die hij schiep, zo trots is ze

haar ogen kijken langs ons weg, terug naar
wat achter haar ligt, al een mensheid ver

ze lijkt te denken aan hoe het begon, hoe ze
met Adam het paradijs verliet en ze samen
de eerste mensen moesten zijn

haar huid, haar mond waren nog glad en zacht
ze was geschapen om te worden bemind
en om kinderen te koesteren

maar de zon, de regen, de wind waarin ze leefde
hebben haar verweerd en de materie blootgelegd
waaruit ze werd gemaakt – de steen

de steen die er al was, een eeuwigheid
voordat ze zelf bestond

het geeft haar gezicht iets zeer nadenkends
een niet te peilen afstand

Eve, Sandstone, Twelfth Century

To the stonemason she was the first woman
on earth – as if you can see something of his humility
in the woman he created, he made her so proud

her eyes look to one side of us, back to
what lies behind her, an age of man ago

she appears to think of how it began, how she
left paradise with Adam and how they had to
be the first people

her skin, her mouth were still smooth and soft
she'd been created to be loved
and to cherish children

but the sun, the rain, the wind in which she lived
have eroded her and revealed the matter
from which she was cast – the stone

the stone that was already there, an eternity
before she herself existed

it lends her face a pensive quality
an unfathomable distance

De Vraag wie ze is

Intussen huist ze al zo lang in mijn hoofd
en al zo bijna overal – maar wie ze is

een zinloze vraag, je zoekt in je herinneringen
naar iets onvoorstelbaars, ik weet het, maar
ook zinloze vragen vragen een antwoord

eigenlijk is ze nog steeds die jonge vrouw
die ik ooit toevallig ergens tegenkwam
– maar wie ze is – in mijn hoofd
vind ik haar niet terug

er zijn momenten dat ik ineens weer weet
dat de mens eenzaam is, ook ik

en dat ik naar haar kijk en denk: zij daar
dat is ze, zo zichtbaar, zo sterfelijk

THE QUESTION WHO SHE IS

Meanwhile she has lived in my head for so long
and so nearly everywhere – but who she is

a pointless question, you search your memories
for something you cannot imagine, I know,
but pointless questions ask for an answer, too

actually, she's still that young woman
I once met by chance somewhere
– but who she is – in my head
I fail to find her

there are moments when I'm suddenly aware again
that man is lonely, even I

and that I look at her and think: her, over there
that's her, so visible, so mortal

GESCHILDERD GEZICHT

De schilder Westerik over zijn ambacht:
verf is alleen maar wat korrels met olie
die materie moet worden begeesterd

hij vertelt hoe hij dat doet

hoe hij een gezicht maakt bijvoorbeeld
het gezicht eerst modelleert met wit
en daarover het vlees schildert
in lagen, lagen die hij bijschuurt
herschildert, bekrast, herschildert

totdat hij de welvingen van huid ziet
over het vlees van een gezicht

een truc van de oude meesters, zegt hij
het wit daaronder werkt als een spiegel
het geeft een mysterieus gloeien
van binnenuit

in zijn schilderij 'Stervende' zie je
het bijna doorzichtige gezicht
van zijn gestorven dochter

hij vertelt dat hij dit beeld zag
door zijn oogleden – hij had zijn ogen
gesloten voor het laaiende zonlicht

ik vond dat zo mooi, zegt hij
ik dacht, het is vlees waar ze in terugkeert
weer weg uit het leven

Painted Portrait

Westerik the painter on his craft:
paint is simply a few grains in oil
this substance needs to be inspired

he relates how he does this

how he creates a face, for example,
first he models the face with white
and paints the flesh on top of this
in layers, layers he resands
repaints, scratches, repaints

until he sees the curves of skin
on the flesh of a face

a trick of the old masters, he says
the white underneath works as a mirror
it renders a mysterious glow
from within

in his painting 'Dying' you see
the almost transparent face
of his deceased daughter

he relates that he saw this image
through his eyelids – he had closed
his eyes to the blazing sunlight

I found that so beautiful, he says
I thought, it is flesh she returns to
leaving life again

en het is waar – je ziet in de verf
een mysterieus gloeien van onderhuidse
vreugde en verdriet

and it's true – in the paint you see
beneath the skin a mysterious glow
of joy and sorrow

De Stem van een Cello

Waaraan het geluid van een cello doet denken

de cellist Widlund vertelde me dat er
in dit instrument iets huist – een stem
een al heel oude stem waarnaar je zoekt
als je speelt en die je herkent
als je haar vindt

misschien is het dat waarom ik moet denken
aan de oudste geluiden die ik ken, zoals
neuriën, zingen, kreunen, huilen

en ook aan de kleuren van een woud in de herfst
alsof je het heimwee hoort van de cello
naar zijn herkomst

A Cello's Voice

Of what a cello's sound reminds me

Widlund the cellist told me that there is
something inside this instrument – a voice
a very old voice you search for
when you're playing and you recognise
when you find it

perhaps it is this that makes me think
of the oldest sounds I know, such as
humming, singing, groaning, crying

and also of the colours of an autumn forest
as if you can hear the cello longing
for its origin

DE GOD IN MIJN HERSENEN

Toen ik al bijna ontwaakt was herinnerde ik mij
dat ik die nacht in het verleden had geleefd
en zonder de geringste verbazing weer
geloofd had dat God bestond

ik wilde hem eindelijk wel eens spreken
het is een bijzonder aardige man zei iemand
je kunt hem gerust eens bellen

ik belde en er klonk een stem, een heel lieve stem
zodat ik mij een lieve gevleugelde vrouw voorstelde
zoals je wel ziet op felicitatiekaarten

wilt u god, werd er gezegd, toets dan één
wilt u god niet, toets dan niet
ik toetste één

en dezelfde gevleugelde vrouw zei: er is nog
één wachtende voor u en die ene bent u

ik herinnerde mij dat ik hier eindeloos over
moest nadenken tot ik ontwaakte en God weer
was verdwenen, ergens in mijn hersenen

The God in My Brain

When I was almost awake I remembered
that I had lived in the past that night
and without even the slightest surprise
had believed in God's existence again

I wanted to speak with him at last
he's such a nice man someone said
feel free to give him a ring

I gave him a ring and a voice sounded, a very kind voice
which made me imagine a kind winged woman
like the ones you see on greeting cards

for god, the voice said, press one
if you do not require god, do not press
I pressed one

and the same winged woman said: there is still
one person waiting and that one is you

I remembered I'd had to mull this over
endlessly until I woke up and God had
disappeared again, somewhere in my brain

Zijn Brieven

Dit zijn zijn brieven, ze ruiken naar
oud papier, de inkt is grijs

ja, zo was zijn handschrift, zo zagen
zijn brieven er altijd uit, dit was hij

schrijven is uitvinden wat er in je leeft
op dit papier heeft hij dat geprobeerd

schrijven is lezen, een poging te lezen
wat een ander zal lezen – die ander was ik

dit is wat hij met zijn hand maakte, deze
letters, ze zijn zo van hemzelf dat hij

terugkeert – hij is er weer met zijn gezicht
zijn stem, zijn handen, een glas, een sigaret

en tegelijk is het niets anders dan
papier dat verstoft, inkt die verbleekt

His Letters

These are his letters, they smell
of old paper, the ink is grey

yes, this is what his writing was like,
how his letters always looked, this was him

writing is finding out what lives inside you
these are the pieces of paper he tried this on

writing is reading, an attempt to read what
others will read – one of these others was me

this is what he made with his hand,
these letters, they are so very him that he

returns – he is back again with his face
his voice, his hands, a glass, a cigarette

and at the same time it is nothing other
than paper turning to dust, ink fading

note: the poem refers to Herman De Coninck's letters

Boomgaard

Woorden weten van zichzelf niet waarvoor ze
gemaakt zijn – en zo is het met alles in de wereld
niets weet waarvoor het er is
en ook wij weten het niet

ik kijk door het raam de boomgaard in en zie hoe
woorden voor vogels, bomen, gras, voor wat er is daar
daar niets betekenen en ook de boomgaard zelf
heeft geen betekenis

in mijn hoofd zoekt iemand naar woorden voor
iets dat nog geen gevoel is en nog geen gedachte

en langzaam begin ik te voelen en te denken
dat ook de boomgaard daarnaar zoekt – dat wij
hetzelfde zoeken, de boomgaard en ik

ORCHARD

Words do not know themselves know why
they're made – and that goes for everything in this world
nothing knows why it's here
and neither do we

I look through the window into the orchard and see how
words for birds, trees, grass, for what is there
do not mean anything there and the orchard itself
has no meaning either

in my head someone is looking for words for
something that isn't yet a feeling or a thought

and slowly I start to feel and to think
that the orchard too is in search of this – that we
are in search of the same things, the orchard and I

Mooie Gesprekken

I – Over de ziel

Dat de ziel het lichaam verlaat bij het sterven
daarover bestaat geen twijfel – waarom immers
zou de ziel willen blijven

maar waar hij heen gaat is onzeker

iemand van ons meende dat hij nergens heen gaat
want hoe zou hij zonder lichaam kunnen bestaan

iemand dacht dat hij naar een ander lichaam zou
kunnen verhuizen, hij moet toch ergens heen

iemand veronderstelde dat hij teruggaat naar waar
hij vandaan kwam voordat hij een lichaam nodig had

en natuurlijk was er ook iemand in het gezelschap
die zei dat er volgens hem meer aan de hand was
dat er zijns inziens nog iets was blijven liggen
dat achter iedere vraag een andere vraag schuilt

en ik – ik begon hevig te verlangen naar
de troost van een sigaret

Nice Conversations

I – On The Soul

That the soul leaves the body after death
is beyond doubt – why indeed
should the soul want to stay

but where it goes is uncertain

one of us thought it goes nowhere
for how could it exist without a body

someone thought that it could move
to another body, it has to go somewhere

someone supposed it goes back to the place
it came from before it needed a body

and of course there was also one among us
who said that he thought there was more to it
that according to him something had been left unsaid
that behind every question there lies another question

and I – I began to feel a strong desire
for the consolation of a cigarette

II – De mens in de mens

Ten slotte kwam het gesprek op het mooiste
voorbeeld van vereniging van materie en geest
geest en materie: de mens inderdaad
we hadden gedronken natuurlijk

iemand bekende dat hij in de mens toch
eigenlijk altijd ergens de mens probeerde
te vinden, daar ging het hem om
of we hem konden volgen

het was al laat maar we probeerden niet
al te hard te lachen – hij leek het te menen

iemand vroeg zich toen af of de mens kleiner
zou kunnen zijn dan zichzelf en zo ja
waar de mens dan moest worden gezocht

iemand overwoog de mogelijkheid dat de mens
even groot zou kunnen zijn als hij of zij zelf
en dat zoeken dus overbodig zou zijn

iemand meende dat wat je zelf niet bent – alles
om je heen dus – in je hoofd zit en dat je
dat ook bent: de mens is daardoor groter
dan zichzelf en dus onvindbaar

en zo waren er nog meer dingen
maar die waren niet onbegrijpelijk genoeg
om hier te noemen

misschien is de mens alleen maar een woord
en zelfs dat niet

II – Man Within Man

Finally the conversation arrived at the greatest
example of unification of matter and spirit
spirit and matter: indeed, man
we'd been drinking of course

someone confessed that he always tried
to find man somewhere within man,
that's what he thought it was all about
could we see his point

it was rather late but we tried not to laugh
too loud – he seemed to be serious

someone then wondered whether man
could be smaller than himself and if so
where man should then be sought

someone pondered the possibility that man
could be as large as he or she themselves
and that a search would then be pointless

someone thought that what you yourself are not –
that is, everything around you – is inside your head
and that is you as well: this makes man larger
than himself and therefore untraceable

and there were many things besides
but those weren't incomprehensible enough
to mention here

perhaps man is just a word
and maybe not even that

Moeder en Zoon

Er is ergens een vijver, schrijft Ovidius,
die ooit een moeder is geweest
'zij smolt weg in tranen', rouwend
om haar dood gewaande zoon

maar hij leefde nog – hij had de dood gezocht
door van een rots te springen, maar hij viel niet,
in de woorden van Ovidius: 'zwevend werd hij
in de lucht een zwaan met witte veren'.

Die dingen gebeurden toen – soms was
de werkelijkheid zo ondraaglijk
dat er gebeurde wat niet kon.

Dit is alles wat wij weten: moeder en zoon
herenigd – je ziet in gedachten hoe een witte zwaan
wordt gewiegd door een vijver en je vraagt:
zou die vogel de rouw kennen van het water
en zou het water weten wie het wiegt.

MOTHER AND SON

There is a pond somewhere, Ovid writes,
that once was a mother
'she melted away in tears', grieving
for her son, whom she thought was dead

yet he was alive – he had sought death
by jumping from a rock, but didn't fall,
in Ovid's words: 'floating upon the air he
became a white-feathered swan'.

These things happened then – sometimes
reality was so unbearable
that something impossible happened.

This is all we know: mother and son
reunited – you can imagine seeing a white swan
cradled by a pond and you wonder:
is the bird aware of the water's grief
and is the water aware who it cradles.